L K° S38

AF259789

L K° S38

DE

L'ALGÉRIE

VALENCE, IMPRIMERIE DE CHENEVIER ET CHAVET.

DE

L'ALGÉRIE

PAR

ALEXANDRE GRESSE

BIBLIOTHÈQUE IMPÉRIALE IMPR.

PARIS

CHEZ LES PRINCIPAUX LIBRAIRES

VALENCE

COMBIER, LIBRAIRE, PLACE NAPOLÉON

1860

DE

L'ALGÉRIE

----•----

En face de la France, séparée d'elle par une distance que la vapeur franchit en vingt-quatre heures, étincelante sous le soleil d'Orient, parée de tous les prestiges, baignée par les mêmes flots qui baignent Marseille et Toulon, une terre émerge de la Méditerranée. C'est le prolongement, le complément de notre Provence. Depuis trente ans, le pavillon français flotte, toujours vainqueur, sur ces contrées héroïquement arrosées des flots de sang et de sueur de nos soldats. Labeurs, courage, sciences, richesses, sacrifices de tout genre, la France a tout prodigué pour cette conquête. Si récente, elle n'en a pas moins déjà une imposante histoire illustrée par toutes les gloires ; elle a mis en relief toutes les vigueurs de notre patrie, et elle nous apparaît couronnée de splendides espérances. Tout répond pour elle, son présent aussi bien que son passé. L'Antiquité, qui reconnaissait en elle une de ses plus fécondes nourrices, la proclamait terre des merveilles : *portentosa tellus.*

Pourquoi l'Algérie ne tient-elle pas, parmi nous, la première et la plus large place dans les préoccupations de l'opinion publique ? On se demandera un jour, avec étonnement, par quel miracle d'inconséquence une nation a pu dépenser avec un admirable entraînement, pendant de longues années, son sang et son or, pour une colonie dont le sort, dont les progrès paraissaient si peu provoquer l'active sympathie des masses. On sera alors en face des problèmes résolus, des difficultés vaincues, des résultats définitivement acquis, et il faudra faire effort pour se rendre compte de la situation actuelle, pour comprendre à la fois la sollicitude des gouvernements et l'inertie du pays, pour constater qu'il y a eu un jour où la France, dévorée par le paupérisme et par le prolétariat, — la France agricole, la France industrielle, — n'est pas allée avec enthousiasme demander à l'Afrique l'appaisement de ses douleurs et d'intarissables sources de prospérité.

Les causes de cette fatale indifférence et de l'inaction qui en est la suite sont nombreuses. Nous n'avons ni les tendances cosmopolites de l'Anglais ni l'esprit aventureux de l'Américain, et d'ailleurs la France trouve en elle-même, dans ses intérêts matériels moins encore que dans les intérêts moraux qu'elle a mission de protéger et de faire triompher en Europe, tant de sujets d'émotion et tant de carrières ouvertes à son activité, qu'elle peut difficilement se distraire des grandes pages qu'elle écrit pour l'histoire et aller creuser son sillon dans les terres incultes de l'Algérie.

Mais tout concourt à la solution du grand problème européen, et qui pourrait dire que la prospérité de l'Algérie n'entrera pas parmi ses éléments ? — L'Orient est le creuset où s'élabore une œuvre mystérieuse de régénération : quel sera le rôle de l'Afrique française dans l'établissement du nouvel équilibre qu'exigeront d'inévitables événements ?

Ainsi, les intérêts qu'affectionne l'esprit français surgiraient ici puissants et nombreux, si l'on daignait leur consacrer une attention sérieuse ; ainsi, en travaillant à augmenter la richesse publique, en cherchant à civiliser l'Algérie, en cultivant ce sol en friche depuis plus de mille ans, on aurait le double avantage de féconder les idées et les capitaux, de satisfaire les besoins immédiats du pays, en préparant la voie aux plus hautes spéculations de la politique.

A défaut d'autres, ces considérations suffiraient pour nous provoquer à l'exposition sommaire que nous entreprenons de la situation actuelle de l'Algérie ; mais il nous semble que c'est faire œuvre de bon citoyen que de montrer à tant de capitaux improductifs, à tant de bras inoccupés, à tant de misères désespérées, cette terre promise qui devrait attirer tous les regards, où tout fructifierait, argent et travail, à la condition d'être résolument associés ; où dix millions d'hectares et des trésors de tout genre, minéraux, agricoles, industriels, attendent des colons et une sérieuse activité.

I

En se reportant à quinze ans en arrière, on trouve assez sombre la situation de l'Algérie. L'œuvre militaire, la conquête, n'est pas complètement terminée ; les tribus s'agitent et lèvent fréquemment l'étendard de la révolte ; nos colons, clair-semés tout près des lieux où flotte le drapeau, doivent manier avec une égale énergie la pioche et le mousquet. Rien n'est sûr ; les razzias amènent les représailles. Demain, quelque nouveau prophète prêchera peut-être tout-à-coup la guerre sainte et compliquera encore la situation que nous fait Abd-el-Kader. Ces populations soumises, mais frémissantes, gardent une attitude sinistre ; la trahison est permanente ; le moindre accident suffit pour soulever une tempête ; le soldat, nécessaire partout, est partout le maître, et tout se résume dans la devise du chef : *Ense et aratro*. Spectacle magnifique pourtant ! Ce soldat est prodigieux de patience et de courage : lorsqu'il a battu et poursuivi l'ennemi, il trace des routes ; il cultive, lui aussi, ce sol avec son épée ; digne émule des légions romaines, il porte la conquête sur son épaule. Si le pain, si le grain manque, au besoin il trouvera dans le blé vert la ressource du jour. — Ainsi se constitue ce gymnase héroïque d'où sortiront les régiments que l'Europe — cette Europe qui jadis vit leurs aînés accomplir tant de merveilles — contemplera avec stupeur, lorsqu'ils briseront, dans leur élan, hommes, chevaux, canons et murailles.

Mais ici on se demande quel sera le bénéfice de tous ces efforts, de tous ces sacrifices. On compte. La tribune de la chambre des députés retentit de plaintes, d'amères récriminations ; on constate que la dépense des dix premières années d'occupation se solde par 323,626,322 francs, et que la tactique suivie depuis 1840 a porté le chiffre annuel à plus de 100 millions. L'Afrique aurait bientôt englouti un milliard, et l'on n'en était qu'aux préliminaires de l'installation ; le sol n'était pas déblayé, la colonisation commençait à peine.

Ainsi s'ouvrait largement le champ de la critique. Le rôle d'une colonie n'est point, en effet, d'être onéreuse à la métropole ; il faut qu'elle compense vite les dépenses qu'elle occasionne et qu'elle se hâte de présenter des bénéfices, sous peine d'être considérée comme une mauvaise affaire et, comme telle, abandonnée. Les calculateurs, les hommes pratiques — c'est ainsi qu'on appelle, en de pareils moments, ceux qui ne veulent ni agir, ni laisser agir — ne se faisaient faute de montrer comme inévitable ce monstrueux résultat. Le Gouvernement, si on les eût écoutés, aurait tout au moins restreint son œuvre à l'occupation du littoral, avec nous ne savons quelle délimitation idéale de cette zone de terrain resserrée entre la mer et la barbarie. — Rien n'était moins réalisable que cette idée. A quoi bon le démontrer? Mais combien il était triste de constater que, seuls, quelques intérêts particuliers, et surtout des agioteurs sur les terrains, pouvaient s'applaudir des résultats acquis!

Et pourtant le sol était là, avec sa végétation furieuse, avec sa fertilité phénoménale, et des faits concluants venaient protester contre ce honteux découragement. On avait vu, en deux ans, M. Borelly de la Sapie assainir et cultiver la plaine de Souk-Ali, près de Boufarik, qui, comme celle de la Mitidja, était couverte d'eau marécageuse en hiver, de roseaux putréfiés en été : 10,000 pieds d'arbres avaient été plantés; 635 têtes de bétail prospéraient; plus de miasmes pestilentiels; 20 hectares de prairies; 200 hectares ensemencés en céréales.

Rien n'avait manqué à cette intelligente entreprise, ni les ressources en argent, ni l'ardeur d'un travail habilement dirigé. Pourquoi ce haut enseignement fut-il perdu? Comment ne vit-on pas là, dès le principe, la vraie, la seule solution des difficultés que tant de systèmes plus ou moins ingénieux cherchaient à vaincre? On se souvient encore des villages militaires improvisés, des concessions prodiguées à tout venant, et de tant d'autres essais aussitôt avortés que conçus.

Or, l'exemple que nous avons cité était loin d'être unique. Boufarik lui-même, ce tombeau des Européens, tendait déjà à devenir ce qu'il est aujourd'hui : un des pays les plus sains du monde et l'un des centres les plus riches de l'Algérie.

La plaine de Staoueli, près du petit promontoire de Sidi-Ferruch, où l'armée française opéra son débarquement en 1830, offrait, à la même époque, un témoignage éclatant de ce que peut un énergique dévouement, quel qu'en soit d'ailleurs le mobile, lorsqu'il est soutenu par des ressources financières suffisantes.

Indiquons ce fait en deux mots :

Au commencement de 1843, quelques Trappistes obtiennent une concession de 1,020 hectares, dont moitié en terres réputées mauvaises. L'administration vient en aide à l'entreprise ; elle accorde une subvention de 62,000 francs, des bestiaux, des semences et le travail d'un certain nombre de condamnés militaires. On dirait que toutes les circonstances hostiles voulurent entrer en lutte contre l'œuvre de Staoueli, afin de bien démontrer leur impuissance contre une volonté ferme, solidement appuyée, et de rendre le succès plus décisif et plus

probant. La plaine a 50 kilomètres en tout sens; elle était couverte de broussailles, bouleversée, sillonnée par de profonds ravins où venaient se réfugier les sangliers et les Arabes. A ces redoutables conditions viennent s'ajouter, dès les premiers jours, des influences épidémiques sous lesquelles succombent trappistes et soldats : sur trentehuit religieux, huit meurent à la peine; trentesept condamnés militaires périssent. Mais, dès la troisième année, de merveilleux résultats sont obtenus : toutes les influences ennemies sont vaincues; l'air est sain et la terre féconde; 300 hectares sont nettoyés, défrichés ou ensemencés, 4 hectares en potagers, 45 en céréales, 1 en vignes; on compte 3,000 mûriers et 1,000 arbres à fruits, 1,097 têtes de bétail. Ce sol dévasté avait déjà acquis une plus-value de 400,000 francs! Le revenu brut était évalué à 25,000 francs.

Grâce à de pareilles tentatives si largement couronnées par le succès, les renseignements sortaient lumineux du sol africain. Il ne paraît pas cependant que ces faits, maintes fois renouvelés sur plusieurs points, aient eu l'influence salutaire qu'on serait en droit de supposer.

Nous pourrions citer encore l'Union agricole du Sig, puissant effort qui, s'il n'a pas complètement réalisé les espérances conçues dès le début, a cependant confirmé, dans les détails aussi bien que

dans l'ensemble, les vérités désormais acquises ;
car, qui peut dire que les obstacles inhérents à une
colossale exploitation de 3,000 hectares n'auraient
pas été vaincus si les ressources avaient été plus
abondantes et si la crise de 1848 n'était pas venue
paralyser l'essor d'une souscription qui se couvrait
rapidement et allait mettre un million à la disposition
des administrateurs? circonstances douloureuses
aggravées encore par les fièvres, par le choléra et
par tous les fléaux météorologiques : sécheresse,
grêle, ouragans. Et ici encore le labeur de l'homme
est loin d'être perdu ; ce qui est conquis, à travers
tant d'obstacles, est bien conquis ; il reste, après
la lutte, de grands et beaux travaux exécutés, une
réputation d'aptitude aux cultures industrielles
acquise définitivement à la terre du Sig et tous les
éléments réunis d'une prospérité qui, désormais,
se développera en quelque sorte d'elle-même.

Malheureusement, les systèmes n'étaient pas
seuls en présence ; leur antagonisme n'était qu'une
cause secondaire du trouble qui présidait aux
premiers établissements de la colonie. On n'impro-
vise pas une population. Le succès constaté, les
bénéfices garantis pouvaient seuls attirer les colons
sérieux, et autour d'eux on aurait vu bien vite se
former les foules. Mais, pour atteindre au succès,
pour réaliser et assurer ces bénéfices, que fallait-il?
Des bras. — Cercle vicieux! Nous y tournons

encore ; mais du moins aujourd'hui la tranquillité est conquise et les territoires civils tendent chaque jour davantage à absorber les territoires militaires. Alors, au contraire, il fallait toujours solliciter ou subir l'influence militaire. La conquête commandait la situation ; aussi, tandis que l'on s'efforçait, d'une part, de faire prédominer le système de la *colonisation militaire* (1) ; de l'autre, les rares colons, mal établis, plus mal organisés, à bout de forces, d'idées et d'argent, inhabiles à se rendre compte d'un mal très-complexe, en appelaient à des institutions civiles, à des fonctionnaires civils, comme à un spécifique inévitablement souverain. Lorsque eux-mêmes laissaient végéter et dévorer par une affreuse misère les malheureux ouvriers qu'ils avaient engagés à venir s'établir sur des concessions étourdiment sollicitées, avaient-ils bien le droit d'imputer au Gouvernement la stagnation des travaux?

Ainsi donc, des bras ! encore des bras ! tel était, il y a quinze ans, comme aujourd'hui, le cri qui n'a pas cessé de venir vers la France de tous les points de l'Algérie. La terre inerte et féconde attend encore les mains qui doivent ouvrir son sein ; et cet appel, et cette ardente supplication ne sont point entendus. On se détourne avec dédain de l'agri-

(1) Le maréchal Bugeaud.

culture; la vieille mère toujours bienfaisante; la spéculation seule trône en souveraine absolue, au milieu des intérêts enfiévrés, et c'est elle encore qu'il faudra peut-être courtiser pour obtenir qu'elle consente à s'occuper de la colonisation.

Car, à ce cri de souffrance de l'Afrique française, il faut nécessairement chercher autour de soi qui pourra répondre. Cette plainte doit être écoutée. Tant de promesses doivent trouver quelques bonnes volontés. — Où sont-elles? — Qui répondra? Qui donc en France dira : Allons!

Hélas! délaissée en Afrique, l'agriculture en France, en dépit de louables efforts et de généreuses excitations, tombe chaque jour de plus en plus dans le marasme. On la déserte. En vain on élève des statues aux Oliviers de Serres, on installe partout les assises de l'industrie agricole, « la mamelle de l'Etat », répète-t-on après Sully; en vain on glorifie les héroïsmes de la culture, en ouvrant de solennels concours et de plus solennelles expositions, le mal profond et rapide fait son chemin; les champs ne retiennent plus leurs robustes ouvriers, et les grands centres industriels attirent et absorbent la population des campagnes.

Cette étude serait par trop incomplète, si nous ne nous arrêtions pas un instant devant cette grave question.

Donnons-lui donc un rapide coup d'œil.

II

La terre est désertée, avons-nous dit. L'absen-
téisme, ce mal aristocratique, envahit les masses
et tend à devenir une épidémie. L'industrie, la
spéculation séduisent presque toutes les forces
vives du pays, et la propriété rurale, tombée dans
un discrédit profond, fait vainement retentir ses
plaintes et ses reproches.

Les causes de cette redoutable situation sont
multiples. Si l'on pouvait, de prime abord, recon-
naître et déterminer exactement une origine unique,
la plaie, il n'en faut pas douter, serait vite fermée;
les préoccupations, les plus actives sympathies du
Gouvernement sont acquises à la solution de ce
douloureux problème. Mais tracer une route à l'activité d'une nation, détourner le cours des capitaux,
alors même qu'ils s'égarent, diriger, en les corri-
geant, les intérêts qui spéculent, non-seulement
c'est une œuvre infiniment délicate, mais encore
ce n'est pas l'œuvre d'un jour; il y faut à la fois
une grande sûreté de coup d'œil et une non moins

grande habileté dans l'exécution, beaucoup de sagacité et beaucoup de prudence.

Tout le monde sait que l'agriculture paie environ 500 millions d'impôt foncier, et que tandis que la propriété mobilière continue sans embarras, sans charges, sa marche triomphale, la propriété immobilière, qui supporte, après tout, une forte part des sacrifices qu'exige sa rivale, subvient à tout, toujours frappée, toujours atteinte, sans qu'aucun secours réel et efficace lui vienne en aide.

Quels sont aujourd'hui les mauvais placements de fonds, sinon les acquisitions de propriétés rurales ? Et cependant quelle est en France la fortune nationale réelle, sinon l'agriculture ?

Il faut citer ici des chiffres officiels d'une grande éloquence.

En 1821, la propriété immobilière en France a été estimée à 39,514,000,000.

En 1851, un décret de l'assemblée législative ayant ordonné une nouvelle évaluation, le chiffre de la valeur de cette même propriété immobilière fut de 83,744,000,000.

En trente ans, cette valeur avait plus que doublé.

Le revenu, qui, en 1821, était estimé à 1,580,597,000 francs, est estimé au 1er janvier 1851 à 2,643,366,000 francs.

Voilà comment croit et prospère la fortune

territoriale de la France; mais, hélas! aussi voilà comment peut s'augmenter l'impôt qui frappe l'agriculture.

Où sont les évaluations de la fortune mobilière, et surtout la somme des sacrifices qui lui ont été imposés pour concourir directement à l'administration du pays? — C'est peut-être une réponse suffisante, ce mot d'un député de l'Alsace : « J'ai » cent mille livres de rente, et je ne paie pas un » sou d'impôt! »

Il faut se résigner à redire ces faits si connus, puisqu'ils pèsent toujours de tout leur poids. Le problème non résolu est toujours posé; le sphinx dévorera toujours ceux qui n'auront pas deviné. La plainte, le cri d'indignation de l'agriculture écrasée contre l'industrie privilégiée ne cessera que lorsque justice aura été faite.

L'argent fuit la terre qu'il devrait féconder, parce qu'il fuit l'impôt. Le jour où les valeurs mobilières subiraient le même sort que les valeurs immobilières, le crédit agricole serait fondé, l'équilibre tendrait à se rétablir promptement et les chantiers de l'agriculture ne tarderaient pas à se repeupler; car des mesures importantes, depuis longtemps sollicitées, pourraient être mises à exécution : établissements de bienfaisance, secours, pensions, retraites, etc. L'ouvrier des champs n'aurait rien à envier à l'ouvrier des villes.

Bien plus, la lèpre du prolétariat, qui s'aggrave chaque jour, serait enrayée dans sa marche progressive. L'ouvrier des champs, qui déserte le sillon pour aller tendre la main au salaire industriel, ne songe pas que, si le prix de la journée est supérieur dans le travail qu'il entreprend, les dépenses sont aussi plus considérables, et surtout que tout se solde et se balance, pour ainsi dire, à la fin de sa tâche quotidienne. Il n'a ni répit, ni ressource autre que l'assistance promise aux blessés et aux invalides de la sombre armée de l'industrie. Si un enfant survient à son pauvre ménage, la gêne arrive avec lui; le second impose de cruelles privations, et au troisième la misère assiègera la mansarde. Dans les campagnes, au contraire, les enfants sont salués à leur entrée dans la vie comme de prochains auxiliaires; ils font nombre dans le capital, et plus nombreux ils sont, plus riche est la famille.

Que vont-ils donc chercher à la ville? — La journée grassement payée et des illusions; le travail assuré et l'occasion de poursuivre un rêve d'orgueilleuse indépendance. — Là, le maître est inconnu; son nom, c'est une raison de commerce; ce qui gouverne, c'est un règlement, quelque chose d'impersonnel; on fonctionne fièrement comme une machine; on ne connaît que deux puissances : le salaire et le livret. Viennent les chômages, viennent les crises, vienne la faim, on saisira l'instrument des émeutes; mais on aura, du moins, donné une fallacieuse satisfaction à ce sentiment de l'égalité, si vivace, si exigeant, qui se révolte devant la direction du grand propriétaire terrien et subit, sans murmure, la loi de fer de l'industriel.

Il doit suffire d'indiquer ce phénomène à la fois si étrange et si naturel. La cause de l'abandon des campagnes est bien plus dans cette séduction exercée sur le paysan par les faux airs d'indépendance de l'ouvrier que dans la différence du salaire, si importante d'ailleurs que soit cette dernière considération. Elle perdrait cependant son influence, si le travail des campagnes était plus assuré, si l'agriculture, entourée effectivement d'honneurs et de secours, dotée d'institutions prévoyantes, prémunie contre les accidents et les misères par des établissements de bienfaisance, enfin, et surtout, appuyée sur un crédit qui lui permît de vivre à l'aise comme sa rivale, pouvait garder le prestige qui s'attache partout à la prospérité.

Ne l'oublions pas! la sollicitude pour le sort des classes laborieuses, si elle n'était pas inspirée par les plus hauts sentiments d'humanité, serait toujours commandée par la prudence la plus vulgaire. Or, tandis que l'agriculture, en France, déplore la désertion des cultivateurs, les grands centres industriels voient pulluler dans leur sein une population d'ouvriers toujours grossissant, et demain ces forces mal réparties pourront créer tout-à-coup de graves embarras, là par leur absence, ici par leur surabondance.

Parmi les causes auxquelles on a voulu attribuer l'abandon de la campagne, on a eu l'étrange courage de placer l'éducation trop généralement répandue et « cette multitude d'écoles de village où les » enfants vont passer trois ou quatre ans, et dont » la plupart sortent sachant lire, écrire et compter, » mais avec un profond dégoût des travaux manuels, » dont ils ont été déshabitués, et avec une ambition » effrénée d'être quelque chose, c'est-à-dire de » vivre sans travailler. » (1).

Cette affirmation vaut-elle l'honneur qu'on lui ferait de la discuter? Et quel scandale de voir de pareilles théories s'étaler effrontément sous le regard du XIXe siècle! Hâtons-nous de proclamer qu'il est bien entendu, bien reconnu par tous, en France, que la première condition d'un progrès rationnel, de la tranquillité publique, de l'évolution régulière du peuple vers un niveau moral et matériel plus digne du passé dont il hérite et de l'avenir qui lui est ouvert, c'est précisément l'instruction qu'on cherche à lui prodiguer. Par elle, il aura pleine conscience de ses devoirs; il saura diriger ses labeurs dans une voie féconde; il rejettera loin de

(1) *Journal des Villes et des Campagnes.*

lui les fatales illusions que nous avons signalées, et s'il est un puissant auxiliaire de la pensée du retour vers la mère-nourricière, vers l'agriculture, c'est précisément cette éducation qui, aux yeux de ses détracteurs, n'a qu'un tort, tort irrémissible, il est vrai, celui de renverser à jamais la domination des préjugés meurtriers qui ont trop longtemps pesé sur le monde.

Inspirer au prolétaire un sentiment austère de sa dignité vraie ; l'arracher aux tumultueuses effervescences des passions du jour, pour le livrer aux sérieuses préoccupations du lendemain ; lui faire sentir la nécessité, en lui montrant la possibilité d'une amélioration de son sort par le travail sincèrement rémunéré, telle est la mission de l'instruction publique. Bien penser, bien agir, deux termes équivalents. A quoi aboutiraient les efforts des gouvernements, s'ils avaient pour objet des masses inintelligentes ?

Donc : création du crédit agricole et des institutions qui en seraient la conséquence (1) ; — par-

(1) On peut émettre aujourd'hui ces vœux avec confiance. Tout indique, en effet, que le jour de leur accomplissement approche. Le *Crédit foncier,* bien qu'il n'ait pas réalisé jusqu'à présent les espérances qu'il avait pu faire concevoir, est une preuve de la sollicitude du Gouvernement pour les intérêts agricoles. Au moment où nous écrivons, une *Société du Crédit agricole,* instituée au capital de 20 millions divisé en 40,000 actions de 500 fr. chacune, va commencer ses opérations. L'agriculture aura sa *Banque de France.*

ticipation des capitaux aux charges qui pèsent sur la propriété immobilière ; — instruction, éducation du peuple ; — le cri de Gœthe mourant : « De la » lumière ! plus de lumière encore ! » — A ces conditions, les bras reviendront à l'agriculture.

Nous allons maintenant essayer de démontrer qu'ils ne devront pas faire défaut à notre belle colonie africaine.

III

Aujourd'hui, l'œuvre de la conquête est terminée.

Le drapeau de la mère-patrie flotte définitivement victorieux sur un littoral de 250 lieues et jusqu'aux limites du désert, au sein du Sahara, à Biskara, à Laghouat, à El-Biod. La Kabylie, cette dernière forteresse de la résistance, est soumise.

L'Algérie tout entière est française.

Il s'agit maintenant de livrer au travail et à l'industrie cet immense territoire désormais tranquille.

Dix millions d'hectares, avons-nous dit, attendent les colons. Le forage des puits artésiens fertilisera bientôt six autres millions qui pourront être livrés à la culture.

Blés, vignes, prairies, oliviers, mûriers, fruits de toute espèce; — tabac, coton, lin, chanvre, garance, thé, sucre, café; — bestiaux; — conditions excellentes pour une acclimatation indéfinie; — mines de fer, de cuivre, de plomb, de houille, de marbre; — terre à briques, chaux, plâtre, bois, etc., rien ne manque dans la splendide énumération qui peut être faite des richesses de cette terre privilégiée. Un jour, qui n'est pas loin, espérons-le, la France pourra demander à son Afrique les produits qui la font tributaire de l'étranger pour des centaines de millions.

Mais une question grave surgit; celle du climat, de sa salubrité. On a fait, parmi nous, un épouvantail de ces fièvres, de ces épidémies qui résident partout où l'on trouve des eaux stagnantes, en Europe comme en Afrique, et qui passent dans l'atmosphère toutes les fois que le soc ouvre une terre vierge où des siècles ont amoncelé leurs détritus : influences passagères et que la main de l'homme fait toujours rapidement disparaître. Boufarik, cette plaine au sinistre renom, répond éloquemment à toutes les craintes.

On était allé jusqu'à dire que le climat de l'Algérie était incompatible avec le développement de la race européenne. Or, un jour, trois cents enfants, appartenant aux hospices et à des familles indigentes du département de la Seine, furent envoyés en Algérie. Dans la première année de leur acclimatation, en 1853, sur ces trois cents enfants, établis à Boufarik, il n'en mourut que deux! Cette moyenne de deux tiers pour cent est de beaucoup inférieure à celle qu'on constate en France.

Dans la plupart des villes des trois provinces

d'Alger, d'Oran ou de Constantine, la mortalité offre un chiffre que bien des villes de la métropole pourraient envier.

Où donc se réfugieront les objections? Fertilité du sol, produits de tout genre, salubrité incontestable, voilà ce que la nature a fait pour ce pays. Quant au Gouvernement, il a prouvé partout et toujours que son concours, sa plus active sollicitude sont acquis au développement de la colonie. Des médecins de colonisation visitent gratuitement les malades, et l'Etat, lorsqu'il le faut, fournit les médicaments. Des routes sont établies partout. Sans doute, sur ce point, il reste encore beaucoup à faire ; mais ici l'entreprise est vaste ; l'Algérie ne pourra que lentement être dotée d'un système à peu près complet de viabilité. Que la colonisation commence ; qu'elle crée les centres que devront desservir les routes ; qu'elle fasse surgir du sol les intérêts qui justifieront, qui détermineront la direction des nouvelles voies et leur importance. — Poussière en été, torrents en hiver, telle est la plainte de l'Afrique à propos de ses routes. L'hiver surtout est la saison des doléances. Hélas! disent-ils, en Europe les rivières sont des routes qui marchent ; chez nous, les routes sont des rivières qui ne marchent pas! — Mais vienne la population, avec sa puissante activité, alors les routes se feront d'elles-mêmes. Le Gouvernement, qui vient de

décider la création des chemins de fer algériens,
ne peut, sans injustice, être l'objet d'aucune critique. Il a pacifié la contrée; il garantit la paisible
possession de la propriété; il encourage de tout son
pouvoir l'activité des colons; il fonde tous les établissements de bienfaisance dont l'utilité lui est
signalée; enfin, il ne recule devant aucun sacrifice
pour venir en aide aux initiatives sérieuses.

Quand donc aurons-nous une idée plus juste du
rôle de l'Etat dans la plupart des actes de l'existence
nationale? A chaque pas que nous essayons, nous
nous retournons, comme des enfants craintifs,
pour nous assurer que la lisière est bien assujettie
sous nos aisselles, et si nous sommes simplement
protégés et aidés, nous nous arrêtons, nous redou-
tons le mouvement, la peur nous paralyse.

Il faut le répéter souvent, puisqu'on l'oublie
toujours : la mission de l'Etat n'est pas de faire,
mais de faire faire. Lorsque l'Etat a assuré les pos-
sibilités du fait, son rôle est fini quant à l'initia-
tive; il lui reste seulement à remplir les devoirs
de surveillance générale qui sont de l'essence même
de l'administration. Faute de comprendre ce principe, à chaque embarras, comme à chaque espé-
rance, les regards, parmi nous, se tournent aussitôt
vers l'Etat, et on attend, on exige tout de lui. C'est
ainsi que se sont commises les premières erreurs
en Algérie : l'Etat devait, pensait-on, distribuer

les terres, diriger et subventionner les colons; il devait être le propriétaire, l'administrateur et le cultivateur de ces trente millions d'hectares de terrain qui s'étendent du littoral au désert, de Maroc à Tunis.

On est revenu aujourd'hui de ces gigantesques paradoxes économiques. Les ventes ont remplacé les concessions gratuites, et tout est rentré dans les conditions normales de la spéculation. La terre d'Afrique attend les capitaux qui viendront l'acheter, et qui, intéressés par cette première intervention, voudront fructifier en multipliant les produits. Appel des capitaux par les capitaux engagés.

Il est cependant nécessaire de tenir compte, même en la déplorant, de la méfiance craintive que nous avons signalée. On réclame depuis longtemps en Algérie le secours, dans la métropole, d'une presse spéciale, qui répandrait autour d'elle des renseignements scrupuleusement exacts sur la situation, les besoins et les progrès de la colonie. Des compagnies d'émigration se chargeraient, comme en Amérique, d'appeler, de provoquer, de transporter et d'installer les familles des émigrants. La presse publierait les indications, et dans les bureaux de la compagnie on pourrait connaître, avec détails, les terres disponibles, leur prix, leur situation; les ouvriers sauraient sur quel point précis ils trouveraient à utiliser leurs diverses aptitudes.

L'Etat interviendrait pour les transports ; il n'aurait plus à subvenir aux frais occasionnés par les dépôts d'ouvriers qui, pendant trois jours, offrent gratuitement le gîte, la nourriture, les conseils nécessaires aux familles qui viennent au hasard chercher du travail en Afrique.

C'est ainsi qu'ils procèdent, et ils sont nos maîtres en colonisation, ces Américains qui savent vendre en un an 7,035,735 acres (l'acre égale les $2/5^{es}$ de l'hectare) au prix de 48,585,000 francs.

Et combien il est temps de songer à faire enfin cesser ce cri de douleur, cette clameur persistante de l'Algérie : Des bras ! des bras ! — Ecoutons-la, cette plainte : « Chaque année, un tiers environ de » la récolte reste sur pied, abandonnée aux oiseaux » et au vent du ciel, faute de bras pour les travaux » de la moisson. » Et l'Algérie, qui doit consommer quatre millions d'hectolitres de céréales, en exporte près de deux millions. Ici, l'affliction tourne au scandale, surtout si l'on songe que cinq ou six cent mille émigrants quittent chaque année l'Europe pour aller, à travers des milliers de lieues, chercher, de l'autre côté de l'Atlantique, une nouvelle patrie, tandis qu'on est obligé de se féliciter, dans notre Algérie, lorsqu'en un an on a pu voir la population s'augmenter de dix à quinze mille âmes.

Des mesures salutaires étaient réclamées par les hommes compétents qui avaient mis leur intelligence au service des idées d'avenir de la colonie. Toutes ou presque toutes sont en voie d'exécution. Le cantonnement des Arabes, qui fera entrer les indigènes dans le mouvement régulier de la civilisation, l'arpentage, le cadastre de l'Afrique, la plupart des réformes dont un examen sérieux avait démontré l'utilité, tout marche résolument vers l'accomplissement de la conquête civile du pays. Enfin, les chemins de fer viennent donner un gage splendide des sollicitudes de l'Etat.

Est-ce que le mouvement de l'émigration, qui serait désormais un mouvement patriotique, ne répondra pas enfin à tant de sacrifices ? — Le trop plein de la France était évalué, il y a douze ans, à quatre millions d'hommes. Supposez un moment que ce trop plein soit déversé sur l'Afrique, avec les bonnes conditions d'établissement qui peuvent être assurées, et songez à l'œuvre immense qui, par ce fait, serait accomplie ! Il serait dangereux surtout de se reporter aux essais antérieurs pour préjuger le résultat des nouvelles entreprises. L'Afrique n'avait vu venir à elle que des hommes désespérés, tête et bourse vides ; ils se jetaient éperdus sur une concession, et quelques jours suffisaient pour faire justice de leur tentative insensée. La mort qui venait les frapper sur un sol qu'ils avaient à peine entrevu n'était, à vrai dire, qu'une forme nouvelle du suicide, et c'est ainsi que le climat africain acquérait une exécrable réputation. Aujourd'hui, les capitaux trouvant des terres à bas prix, douées d'une admirable fertilité, des débouchés certains pour les produits et tous les instruments d'une facile exploitation, auront bien vite compris qu'en peu d'années la plus-value sera acquise et la spéculation excellente. Le travail du colon sera dès-lors aussi lucratif que son avenir assuré ; car, une vérité démontrée par des faits malheureusement trop nombreux — puisqu'ils ont risqué de compromettre et qu'ils ont à coup sûr retardé la colonisation, — c'est que, si bon agriculteur qu'il soit, le colon pauvre ne pourrait trouver en Algérie qu'un douloureux insuccès.

L'Arabe lui-même ne tarderait pas alors à concourir à l'œuvre de la civilisation. Le spectacle de l'activité européenne frapperait de vertige cette immobilité dont le Koran afflige ses sectateurs. On a exagéré la sombre et tenace hostilité de ces vaincus ; déjà frappés par la conviction de leur impuissance ils ont reconnu et apprécié tous les côtés sympathiques du caractère français. Ils aiment notre justice ; ils la préfèrent hautement à la leur. Nos institutions, empreintes à leur égard d'un haut sentiment de tolérance, ne froissent en rien ces susceptibilités qui attisent si sûrement le feu de la révolte.

S'ils ne savent pas encore nous aimer, ils ont du moins appris à nous estimer.

Le temps et les influences pénétrantes d'une éducation qui prend l'enfant au berceau pour l'imprégner peu à peu des sentiments et des idées modernes, opèreront inévitablement le rapprochement des races.

L'Arabe, d'ailleurs, avec sa gravité, avec ses attitudes solennelles, n'est, après tout, qu'un majestueux enfant. C'est dans ce caractère que résident les plus grandes difficultés pour arriver en quelque sorte à son appaisement, à son assimilation. Ce qui résiste en lui, ce n'est pas une force vive, des idées fausses, des sentiments fourvoyés; c'est l'inertie. Il rêve plus qu'il ne pense; il contemple plus qu'il ne voit. Penser, regarder, deux fatigues; l'esprit oriental se contente à moins de frais. — Or, quelle idée de la civilisation, quel désir du progrès peut avoir une intelligence circonscrite aussi étroitement? Comment l'initier à notre aspiration et l'associer à nos ardeurs? Comment lui dévoiler des horizons nouveaux qui troubleraient la placidité du ciel où il laisse indolemment errer son âme satisfaite?— Là est le problème. Qui le résoudra? — Nous l'avons dit : le spectacle même de l'activité européenne; l'entraînement de l'exemple. Avant même de concevoir les bienfaits de la civilisation, l'Arabe sera conquis au mouvement général par le mouvement même. Le changement radical du milieu de son existence surexcitera

en lui le sentiment le plus vivace, celui de la dignité,
de l'orgueil. Il aurait consenti à rester inutile ; il
ne voudra pas être dédaigné.

Résumons-nous par l'énumération de quelques
faits importants.

La base de tout établissement agricole sérieux est
assurée en Algérie par la richesse des herbages na-
turels qui couvrent la presque totalité du territoire.
Une vérité désormais incontestée, c'est que la terre
est d'une fertilité extraordinaire partout où elle est
arrosée, et, grâce aux puits artésiens, le désert
lui-même reculera devant le travail du colon, de
fraîches oasis surgiront du milieu des sables. De
nombreux troupeaux peuvent donc, dès l'abord,
prospérer et permettre d'attendre les produits abon-
dants que donnera la culture. Pendant huit mois de
l'année, en effet, la terre est couverte d'herbages
jusque sur le haut des montagnes.

L'acclimatation, tant pour les espèces végétales
que pour les espèces animales, ne compte guère
que des succès ; de ce côté, les espérances sont
illimitées.

L'industrie séricicole n'offre nulle part des
conditions plus avantageuses.

L'exploration de l'Afrique centrale et l'abolition
récente des droits d'entrée sur la frontière du sud,
ouvrent de nouveaux et immenses horizons à la
conquête pacifique de la civilisation.

Les garances algériennes ont été cotées au Hâvre au même prix que les plus belles sortes des Canaries.

Le coton, le lin, la laine, les tabacs de l'Algérie se font une place triomphante dans les expositions.

La vigne prospère depuis le premier jour où des ceps furent confiés à la terre et au soleil africains.

Enfin, les céréales complètent et résument cet exposé beaucoup trop sommaire des richesses qui convient la France à une large et énergique exploitation. Les céréales, qui fatiguent la terre sans l'épuiser, qui lui rendent en engrais une grande partie des forces qu'elles lui ont empruntées, qui nourrissent hommes et bestiaux, qui, moins que toute autre récolte, sont exposées aux accidents, à qui suffisent les pluies hivernales dans les terrains qui ne peuvent pas être secourus par l'irrigation, lés céréales assureraient, à elles seules, le succès des entreprises algériennes.

« La France », dit M. Jules Duval, « a dû, en
» 1854, importer cinq millions d'hectolitres de
» grains; en 1855, près de quatre; sur quoi
» l'Algérie n'a pu fournir que 1,800,000 hectolitres
» environ, quand il lui eût été si facile de fournir à
» tous les besoins.

» Combien de privilèges l'invitent à disputer à
» la Russie et aux Etats-Unis l'approvisionnement
» de l'Europe et surtout de la France! Le grain et

» la farine sont de qualité supérieure, et les halles
» racontent leurs mérites aussi bien que les exposi-
» tions publiques. Ses récoltes se rentrent deux
» mois plus tôt qu'en deçà de la Méditerranée.
» L'admirable prédisposition du sol et du climat
» réduit tellement le prix de revient, qu'en ce
» moment, malgré la hausse universelle, les cours
» se maintiennent sur les marchés intérieurs entre
» 15 et 20 francs l'hectolitre de blé. Le contraste
» des conditions géologiques est si prononcé, qu'il
» est presque inouï que l'intempérie des saisons
» sévisse à la fois sur l'Afrique du nord et sur
» l'Europe. Les ports d'Algérie sont, pour la
» marine à voiles, à une semaine des ports de
» France, et pour la vapeur, à deux jours, sans
» aucun risque de voir la navigation jamais entra-
» vée ni par les glaces, ni par la guerre, ni par
» des douanes ennemies. Pendant un seul voyage
» d'aller et de retour à la Baltique, à la mer Noire
» ou à New-York, un navire fera six voyages
» de Marseille à Alger. La modération du frêt
» découle de tant de facilité et de sécurité : combien
» elle s'accroîtrait par la multiplicité des transac-
» tions! et quel inépuisable aliment pour notre
» marine nationale! » (*Annales de la colonisation
algérienne, décembre* 1856.)

IV

Telle est l'Algérie aujourd'hui. Que sera-t-elle demain ? Sillonnée par les chemins de fer, livrant au commerce, à l'industrie, à la consommation de l'Europe les trésors qui s'épanouissent à sa surface et ceux qui s'échappent de ses entrailles, elle apporte enfin la richesse à la mère-patrie. Première et splendide page d'un grand livre fermé jusqu'à présent, elle trahit les mystères de la vieille Afrique ; la grande route d'Alger au Cap dévoile les monstrueuses virginités de ce sauvage continent. Dites-nous les bornes de l'activité et de la science humaines, et nous vous indiquerons les limites du possible, le point précis où commence le rêve, où finit la réalité.

D'ailleurs, aux esprits positifs, à ceux qui n'auraient jamais voulu prévoir ni Christophe Colomb, ni la vapeur, ni l'électricité, nous dirons : L'avenir est un rêve ; soit : rêvons !

La France aujourd'hui, dirigée par une volonté puissante, a repris sa place en Europe, sa vraie

place ; la première. Partout où se débat quelque
grande cause, on entend sa voix, et sa parole est
obéie ; sa triomphante épée menace et protège.
L'Europe a revu nos grandes gloires, plus humaines
et plus pures, et c'est le progrès, c'est la justice,
tout ce qui est grand, tout ce qui est saint, qui
marche sous les plis de notre drapeau. Que si une
punition de la Providence doit être infligée à quelque grand coupable, il suffit que la France, arrê-
tant les complicités secourables, impose à tous le
respect de la volonté d'En-haut. Sa puissance se
manifeste aussi bien par son intervention en faveur
de l'opprimé que par la solitude qu'elle peut faire
autour de l'oppresseur voué aux luttes suprêmes.

Ainsi placée à la tête des nations, dépositaire des
idées et des sentiments de la grande révolution
française, qu'elle a mission de propager et de faire
germer dans le monde, glorieuse au dehors, prospère au dedans, elle marche fière, résolue, géné-
reuse, vers l'accomplissement des plus hautes des-
tinées de l'humanité (1).

Le monde aujourd'hui reçoit son empreinte et la
gardera profonde et ineffaçable.

---

(1) « Partout aujourd'hui où l'on voit passer le drapeau de
» la France, les nations savent qu'il y a une grande cause qui
» le précède, un grand peuple qui le suit ! » *(Allocution de
l'Empereur aux soldats de l'expédition de Syrie.)*

Regardez maintenant cette petite mer, ce lac qui roule son azur au midi de la France.

D'un côté, l'Italie debout, libre, vivante, réveille tous les échos de son histoire. Des Alpes au golfe de Tarente, tout s'anime, tout se fertilise ; c'est l'exaltation de la vie : les ports sont pleins de navires, les champs sont pleins de moissons ; les arts et l'industrie rivalisent de zèle et d'ardeur. La vieille mère a retrouvé son éternelle jeunesse.

Vis-à-vis, l'Espagne a secoué décidément le sommeil de plomb qui s'empara d'elle à la mort de Charles-Quint. Les idées modernes ont tout vaincu. Il ne reste plus trace des institutions sépulcrales qui retenaient son âme captive. C'est une résurrection! Les fils des marins qui conquirent le Nouveau-Monde retrouvent la tradition et l'énergie de leurs pères. La forge retentit où psalmodiaient les moines ; l'atelier joyeux et bruyant anime les solitudes ; la terre sourit au laboureur, et, calme dans sa féconde activité, l'Espagne ne songe qu'avec un amer dédain à ses longues discordes désormais oubliées.

Jetez ensuite vos regards vers le sud-est de cette mer dont nous suivons le cadre. Voici Constantinople. Il y avait là un empire turc dont l'existence était hier le continuel souci de l'Europe, qui perdait sur ce point, tous les jours, son équilibre, que tous les jours il lui fallait péniblement étayer. Ici

encore, l'activité et les idées modernes ont tout
envahi, tout fécondé. Il y avait là aussi, un isthme,
en cet endroit où vous voyez passer, comme des
abeilles chargées de butin, les gros vaisseaux qui
vont aux Indes. Le commerce de l'Europe a pris
cette route. Chacun a reçu sa part du vieux trident
de l'Angleterre. Le monde entier trafique dans
cette mer; c'est un vaste bassin enserré entre les
docks de la France, de l'Italie, de l'Espagne........,
et encore de la France en Afrique.

Quel rêve! Est-ce un rêve?...... Que le lecteur
prononce en contemplant l'avenir de l'Algérie.

Aouste (Drôme), août 1860.

www.ingramcontent.com/pod-product-compliance
Lightning Source LLC
Chambersburg PA
CBHW061337050726
47595CB00005B/1967